Impressum
Verlag: BABADADA GmbH, Nedderfeld 112 , 22529 Hamburg
Geschäftsführer / Verlagsleitung: Harald Hof
Druck: Books on Demand GmbH, In de Tarpen 42, 22848 Norderstedt

Imprint
Publisher: BABADADA GmbH, Nedderfeld 112 , 22529 Hamburg, Germany
Managing Director / Publishing direction: Harald Hof
Print: Books on Demand GmbH, In de Tarpen 42, 22848 Norderstedt

школа
colegio

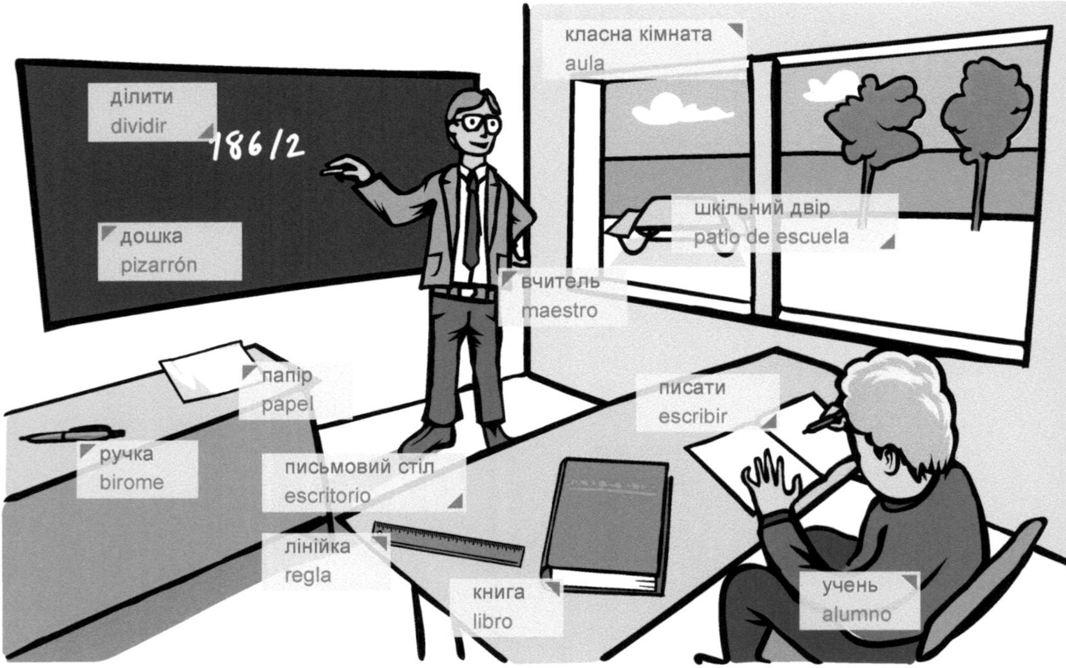

класна кімната
aula
ділити
dividir
186/2
дошка
pizarrón
шкільний двір
patio de escuela
вчитель
maestro
папір
papel
писати
escribir
ручка
birome
письмовий стіл
escritorio
лінійка
regla
книга
libro
учень
alumno

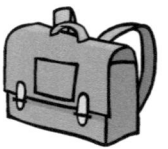

ранець
mochila

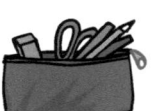

пенал
caja de lápices

олівець
lápiz

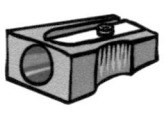

точило
sacapuntas

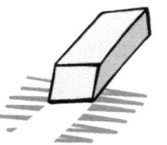

гумка
goma (de borrar)

альбом для малювання
bloc de dibujo

малюнок

dibujo

пензель

pincel

коробка фарб

caja de pinturas

ножиці

tijera

клей

pegamento

зошит

cuaderno de ejercicios

домашнє завдання

tarea

число

número

додавати

sumar

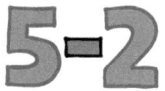

віднімати

restar

множити

multiplicar

рахувати

calcular

літера

letra

абетка

abecedario

слово

palabra

школа - colegio

3

текст

texto

читати

leer

крейда

tiza

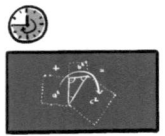

година

lección

класний журнал

cuaderno de clase

екзамен

examen

диплом

certificado

шкільна форма

uniforme escolar

освіта

educación

лексикон

enciclopedia

університет

universidad

мікроскоп

microscopio

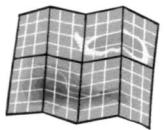

карта

mapa

кошик для паперу

tacho (de basura)

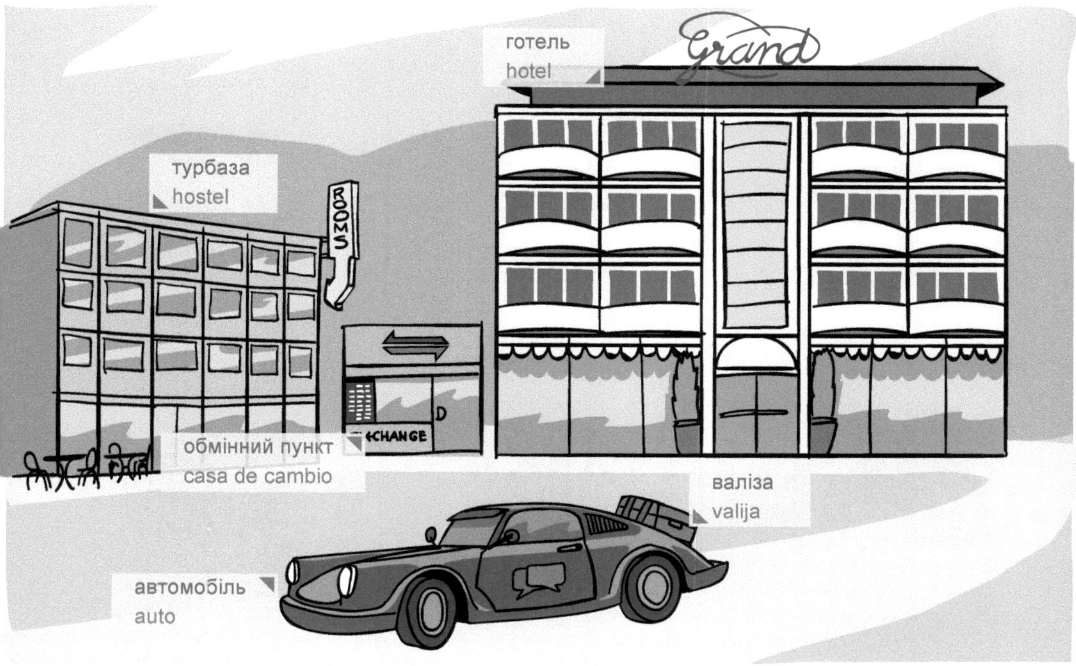

готель
hotel
Grand
турбаза
hostel
ROOMS
EXCHANGE
обмінний пункт
casa de cambio
валіза
valija
автомобіль
auto

мова
idioma

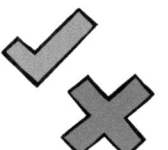

так / ні
sí / no

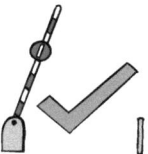

добре
Está bien

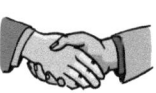

привіт
hola

перекладач
traductor

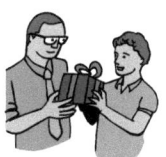

дякую
Gracias

Скільки коштує …?

¿cuánto cuesta…?

Я не розумію

No entiendo

проблема

problema

Добрий вечір!

¡Buenas tardes!

Доброго ранку!

¡Buenos días!

На добраніч!

¡Buenas noches!

До побачення

adiós

напрямок

dirección

багаж

equipaje

сумка

bolso

рюкзак

mochila

гість

invitado

кімната

habitación

спальний мішок

bolsa de dormir

намет

carpa

туристична інформація

información turística

пляж

playa

кредитна картка

tarjeta de crédito

сніданок

desayuno

обід

almuerzo

вечеря

cena

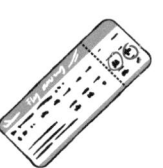

квиток

pasaje

ліфт

ascensor

поштова марка

sello

межа

frontera

митниця

aduana

посольство

embajada

віза

visa

паспорт

pasaporte

транспорт
transporte

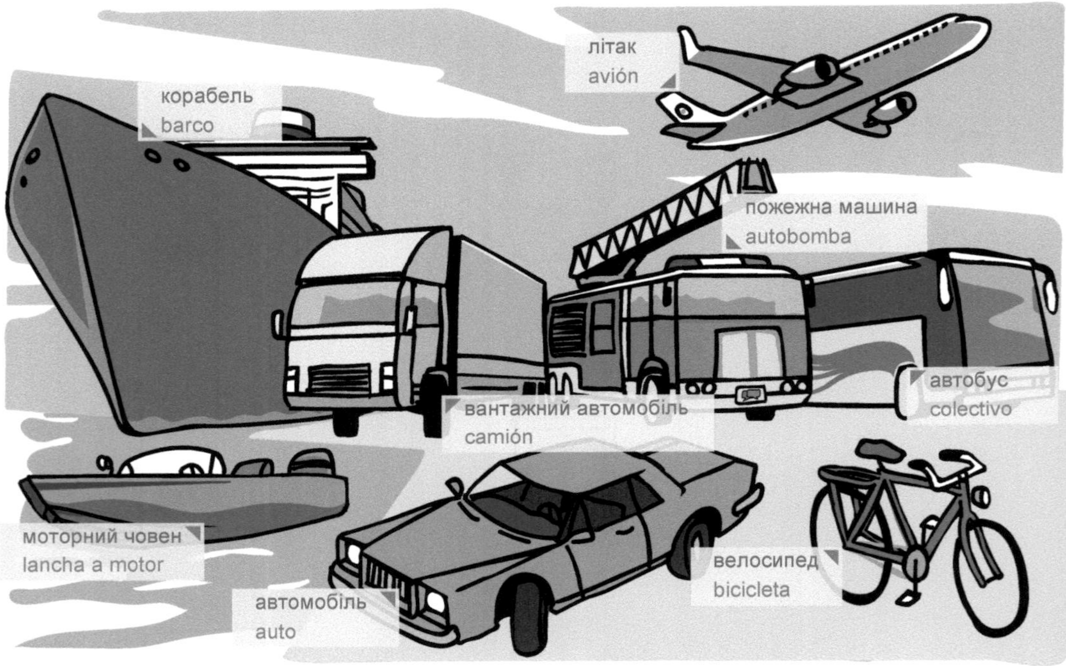

літак
avión
корабель
barco
пожежна машина
autobomba
автобус
colectivo
вантажний автомобіль
camión
моторний човен
lancha a motor
велосипед
bicicleta
автомобіль
auto

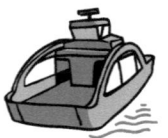

пором
ferry

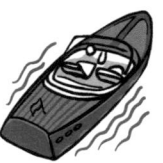

човен
bote

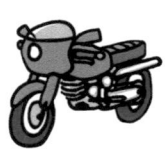

мотоцикл
moto

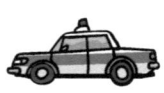

поліцейська машина
patrullero

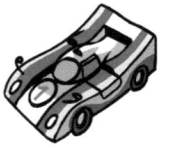

гоночний автомобіль
auto de carreras

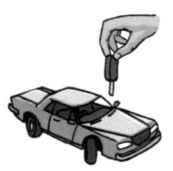

автомобіль на прокат
auto de alquiler

спільне користування авто

alquiler de autos

евакуатор

grúa

сміттєвоз

camión de basura

двигун

motor

паливо

nafta

автозаправна станція

estación de servicio

дорожній знак

señal de tránsito

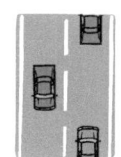

рух

tránsito

затор

embotellamiento

стоянка

estacionamiento

вокзал

estación de tren

рейки

vías

потяг

tren

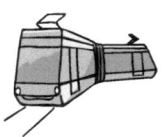

трамвай

tranvía

вагон

vagón

гелікоптер

helicóptero

аеропорт

aeropuerto

вежа

torre

пасажир

pasajero

контейнер

contenedor

коробка

caja de cartón

візок

carretilla

кошик

canasta

стартувати / приземлятися

despegar / aterrizar

місто

ciudad

село

pueblo

центр міста

centro de ciudad

дім

casa

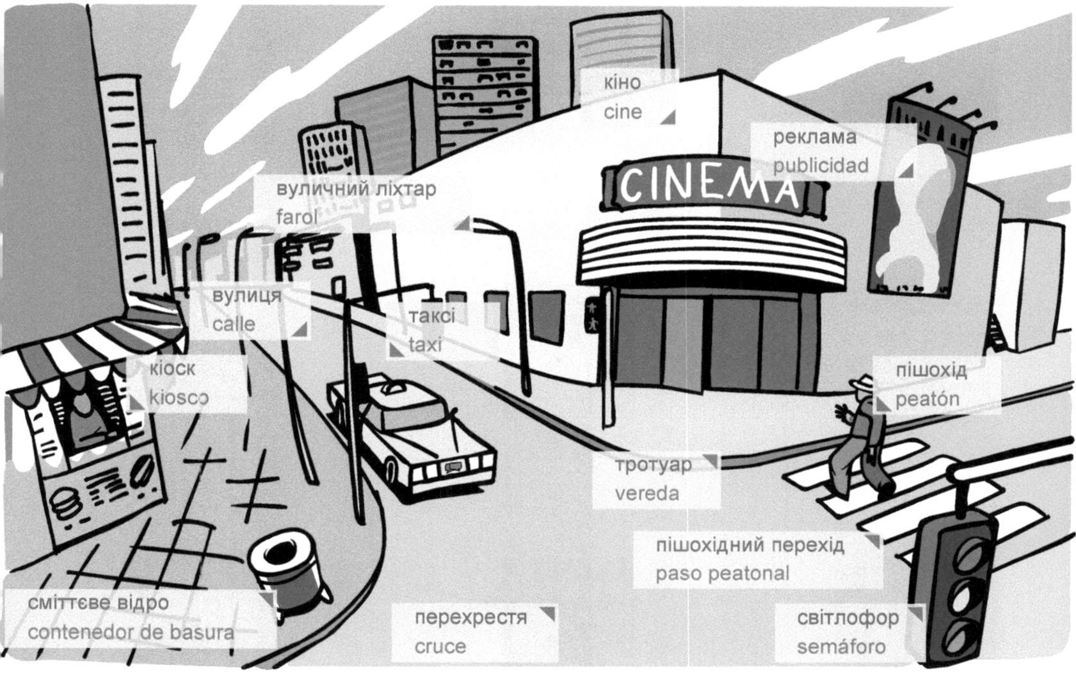

кіно
cine
реклама
publicidad
CINEMA
вуличний ліхтар
farol
вулиця
calle
таксі
taxi
кіоск
kiosco
пішохід
peatón
тротуар
vereda
пішохідний перехід
paso peatonal
сміттєве відро
contenedor de basura
перехрестя
cruce
світлофор
semáforo

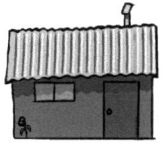

хатина
cabaña

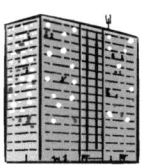

квартира
departamento

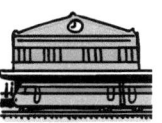

вокзал
estación de tren

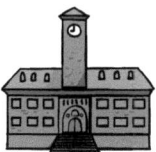

ратуша
municipalidad

MUSEUM

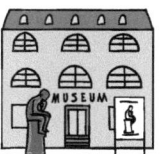

музей
museo

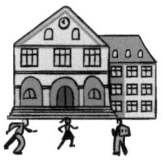

школа
colegio

університет

universidad

банк

banco

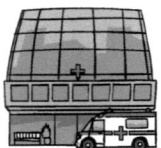

лікарня

hospital

готель

hotel

аптека

farmacia

офіс

oficina

книжковий магазин

librería

магазин

negocio

квітковий магазин

florería

супермаркет

supermercado

ринок

mercado

універмаг

grandes tiendas

торговець рибою

pescadería

торговельний центр

centro comercial

гавань

puerto

парк

parque

лава

banco

міст

puente

сходи

escaleras

метро

subte

тунель

túnel

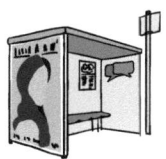

автобусна зупинка

parada del colectivo

бар

bar

ресторан

restaurante

поштова скринька

buzón

вулична табличка

letrero

лічильник паркування

parquímetro

зоопарк

zoológico

басейн

pileta

мечеть

mezquita

ферма

granja

забруднення
навколишнього
середовища
contaminación

кладовище

cementerio

церква

iglesia

дитячий майданчик

juegos infantiles

храм

templo

ландшафт
paisaje

листок
hoja

вказівний стовп
poste indicador

шлях
camino

луг
pradera

камінь
piedra

дерево
árbol

мандрівник
excursionista

річка
río

трава
hierba

квітка
flor

долина

valle

гора

montaña

озеро

lago

ліс

bosque

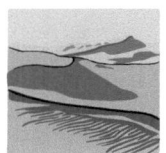

пустеля

desierto

вулкан

volcán

замок

castillo

веселка

arco iris

гриб

champiñón

пальма

palmera

комар

mosquito

муха

mosca

мурашка

hormiga

бджола

abeja

павук

araña

жук

escarabajo

жаба

rana

вивірка

ardilla

їжак

erizo

заєць

liebre

сова

lechuza

птах

pájaro

лебідь

cisne

кабан

jabalí

олень

ciervo

лось

alce

гребля

presa

вітряк

aerogenerador

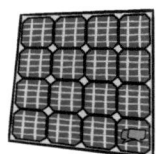

сонячний модуль

panel solar

клімат

clima

ресторан
restaurante

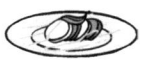

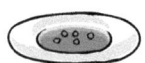

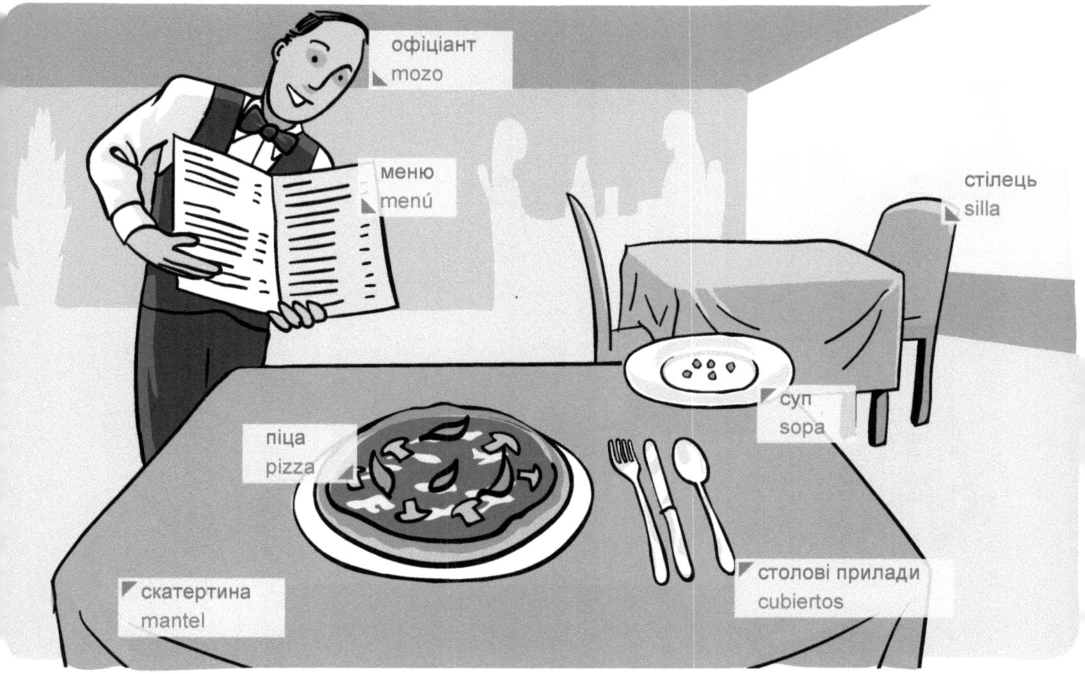
офіціант
mozo
меню
menú
стілець
silla
суп
sopa
піца
pizza
скатертина
mantel
столові прилади
cubiertos

закуска

entrada

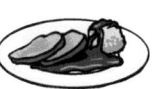

друга страва

plato principal

десерт

postre

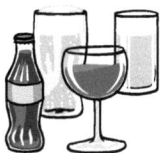

напої

bebidas

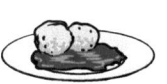

їжа

comida

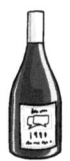

пляшка

botella

фаст-фуд

comida rápida

вулична їжа

comida callejera

чайник

tetera

цукорниця

azucarera

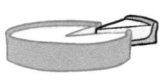

порція

porción

еспресо-машина

cafetera expreso

високий стільчик

sillita alta

рахунок

cuenta

піднос

bandeja

ніж

cuchillo

вилка

tenedor

ложка

cuchara

чайна ложка

cucharita

серветка

servilleta

склянка

vaso

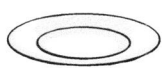

тарілка

plato

тарілка для супу

plato hondo

блюдце

plato

соус

salsa

солонка

salero

млин для перцю

molinillo de pimienta

оцет

vinagre

масло

aceite

спеції

especias

кетчуп

kétchup

гірчиця

mostaza

майонез

mayonesa

супермаркет

supermercado

пропозиція
oferta especial
FOR
клієнт
cliente
молочні продукти
lácteos
фрукти
fruta
візок для покупок
changuito

BUTCHERS

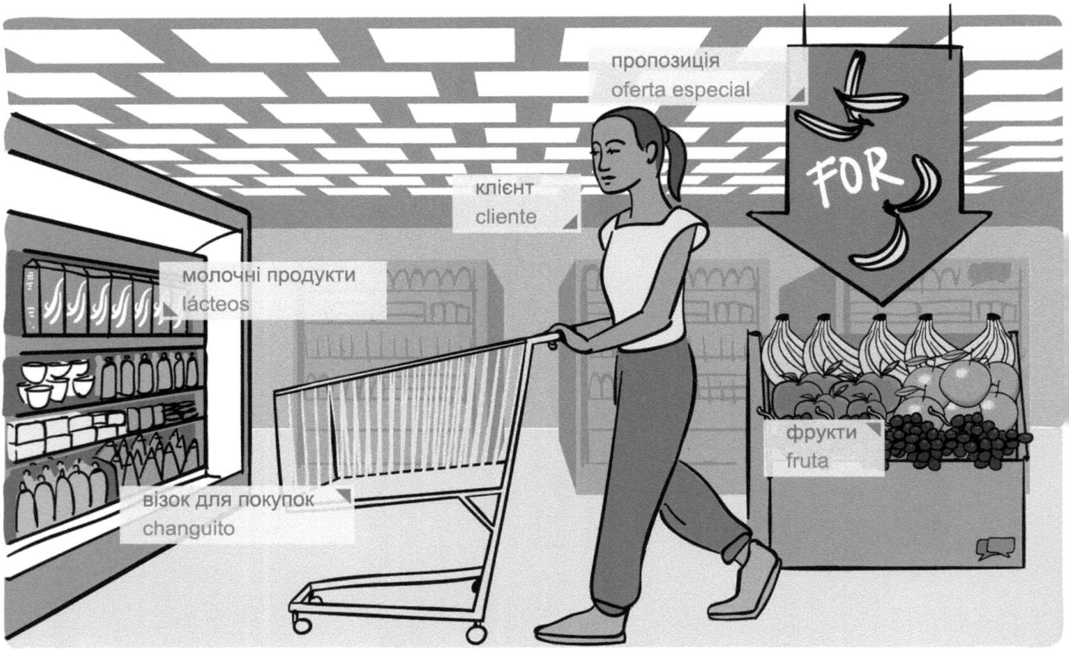

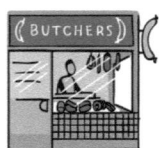

м'ясний магазин

carnicería

BAKERY

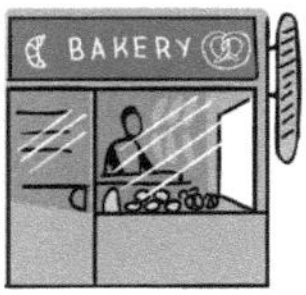

пекарня

panadería

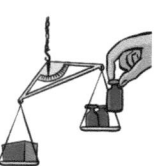

зважувати

pesar

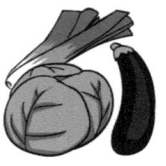

овочі

verduras

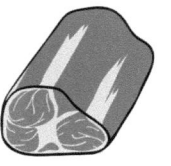

м'ясо

carne

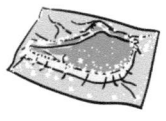

заморожені продукти

alimentos congelados

ковбасна нарізка

fiambres

консерви

alimentos enlatados

пральний порошок

detergente en polvo

солодощі

golosinas

предмети домашнього побуту

electrodomésticos

мийний засіб

productos de limpieza

продавщиця

vendedora

каса

caja

касир

cajero

список покупок

lista de compras

часи роботи

horario de atención

гаманець

billetera

кредитна картка

tarjeta de crédito

сумка

cartera

поліетиленовий пакет

bolsa de plástico

вода

agua

сік

jugo

молоко

leche

кола

bebida cola

вино

vino

пиво

cerveza

алкоголь

alcohol

какао

cacao

чай

té

кава

café

еспресо

café expreso

капучіно

cappuccino

банан

banana

яблуко

manzana

апельсин

naranja

кавун

melón

лимон

limón

морква

zanahoria

часник

ajo

бамбук

bambú

цибуля

cebolla

гриб

champiñón

горішки

nueces

локшина

fideos

спагеті

tallarines

рис

arroz

салат

ensalada

картопля фрі

papas fritas

смажена картопля

papas fritas

піца

pizza

гамбургер

hamburguesa

бутерброд

sándwich

шніцель

churrasco

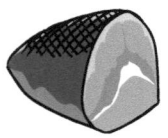

шинка

jamón

салямі

salame

ковбаса

salchicha

курка

pollo

печеня

asado

риба

pescado

вівсяні пластівці

copos de avena

мюслі

muesli

кукурудзяні пластівці

copos de maíz

борошно

harina

круасан

medialuna

булочка

pancito

хліб

pan

тостовий хліб

tostada

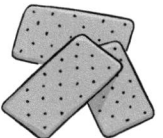

печиво

galletitas

масло

manteca

сир

cuajada

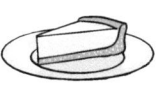

пиріг

torta

яйце

huevo

яєчня

huevo frito

сир

queso

їжа - comida

морозиво

helado

цукор

azúcar

мед

miel

мармелад

mermelada

нуга-крем

pasta de chocolate

карі

curry

ферма
granja

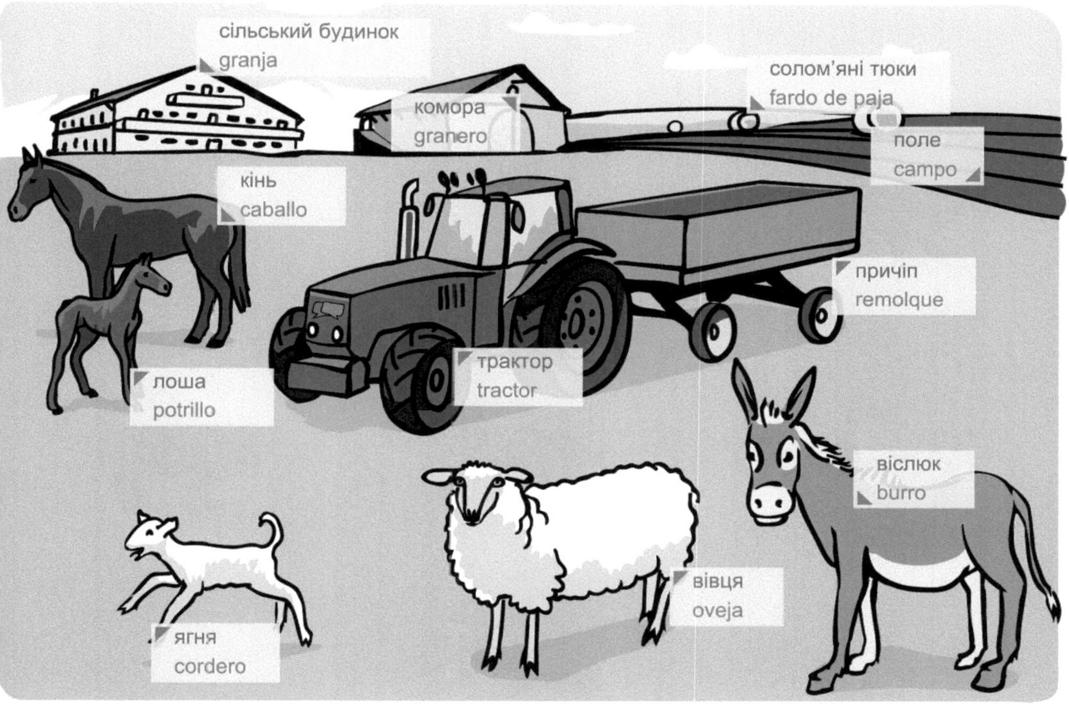
сільський будинок
granja
солом'яні тюки
fardo de paja
комора
granero
поле
campo
кінь
caballo
причіп
remolque
трактор
tractor
лоша
potrillo
віслюк
burro
вівця
oveja
ягня
cordero

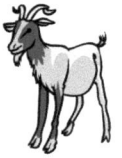

коза

cabra

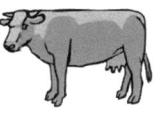

корова

vaca

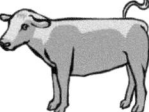

теля

ternero

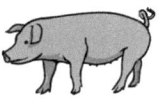

свиня

cerdo

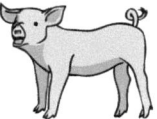

порося

lechón

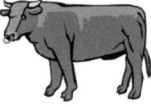

бик

toro

гусак

ganso

качка

pato

курча

pollo

курка

gallina

півень

gallo

щур

rata

кіт

gato

миша

ratón

віл

buey

собака

perro

собача будка

cucha

садовий шланг

manguera

лійка

regadera

коса

guadaña

плуг

arado

серп

hoz

мотика

azada

вила

horquilla

сокира

hacha

тачка

carretilla

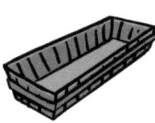

корито

abrevadero

бідон молока

lechera

мішок

bolsa

паркан

reja

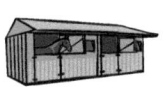

хлів

establo

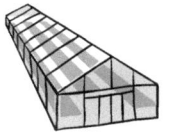

теплиця

invernadero

ґрунт

suelo

насіння

semilla

добриво

fertilizador

комбайн

cosechadora

пожинати

cosechar

урожай

cosecha

корінь ямсу

batatas

пшениця

trigo

соя

soja

картопля

papa

кукурудза

maíz

ріпак

semilla de colza

плодове дерево

árbol frutal

маніок

mandioca

злаки

cereales

дім

casa

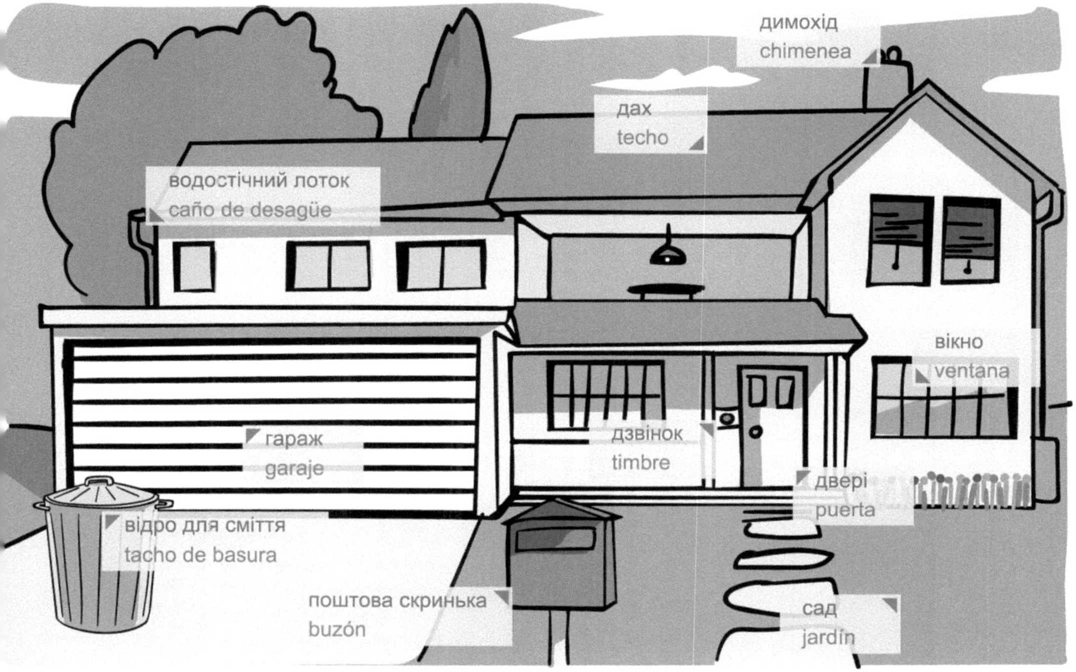
димохід
chimenea
дах
techo
водостічний лоток
caño de desagüe
вікно
ventana
гараж
garaje
дзвінок
timbre
двері
puerta
відро для сміття
tacho de basura
поштова скринька
buzón
сад
jardín

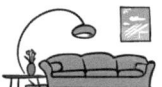

вітальня

living

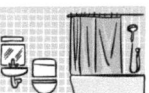

ванна кімната

baño

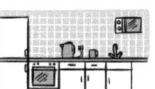

кухня

cocina

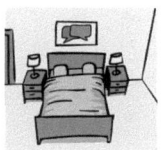

спальня

dormitorio

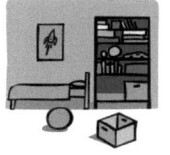

дитяча кімната

cuarto de los chicos

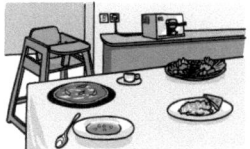

їдальня

comedor

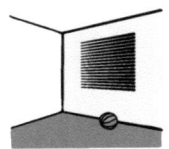

підлога

piso

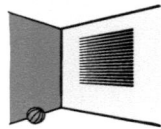

стіна

pared

стеля

cielorraso

підвал

sótano

сауна

sauna

балкон

balcón

тераса

terraza

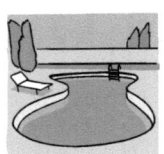

басейн

pileta

косарка

cortadora de pasto

простирало

sábana

ковдра

acolchado

ліжко

cama

мітла

escoba

відро

balde

перемикач

interruptor

вітальня
living

шпалери
empapelado
малюнок
imagen
лампа
lámpara
поличка
estante
шафа
armario
телевізор
televisión
камін
chimenea
квітка
flor
подушка
almohadón
диван
sofá
ваза
florero
пульт
control remoto

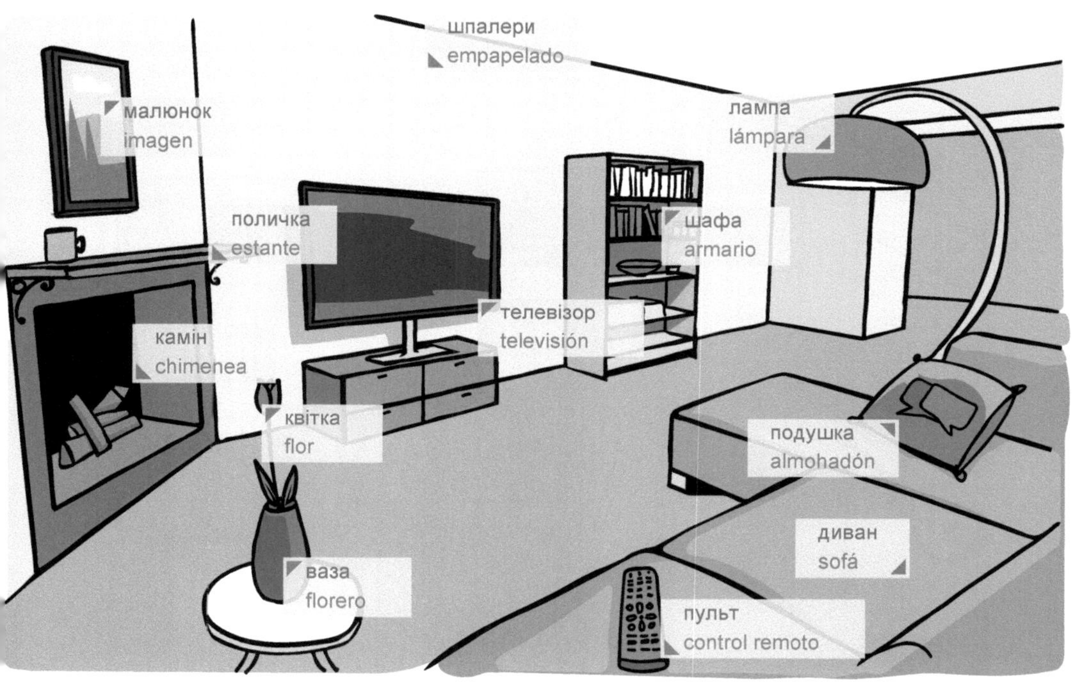

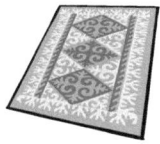

килим
alfombra

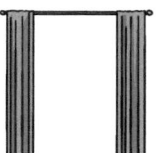

завіса
cortina

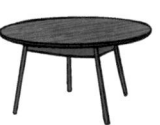

стіл
mesa

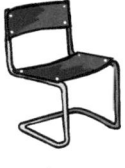

стілець
silla

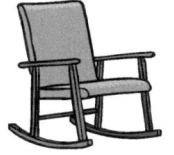

крісло-гойдалка
mecedora

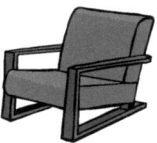

крісло
sillón

книга

libro

ковдра

frazada

прикраса

decoración

дрова

leña

фільм

película

стереосистема

equipo de música

ключ

llave

газета

diario

картина

pintura

плакат

póster

радіо

radio

блокнот

cuaderno

пилосос

aspiradora

кактус

cactus

свічка

vela

кухня
cocina

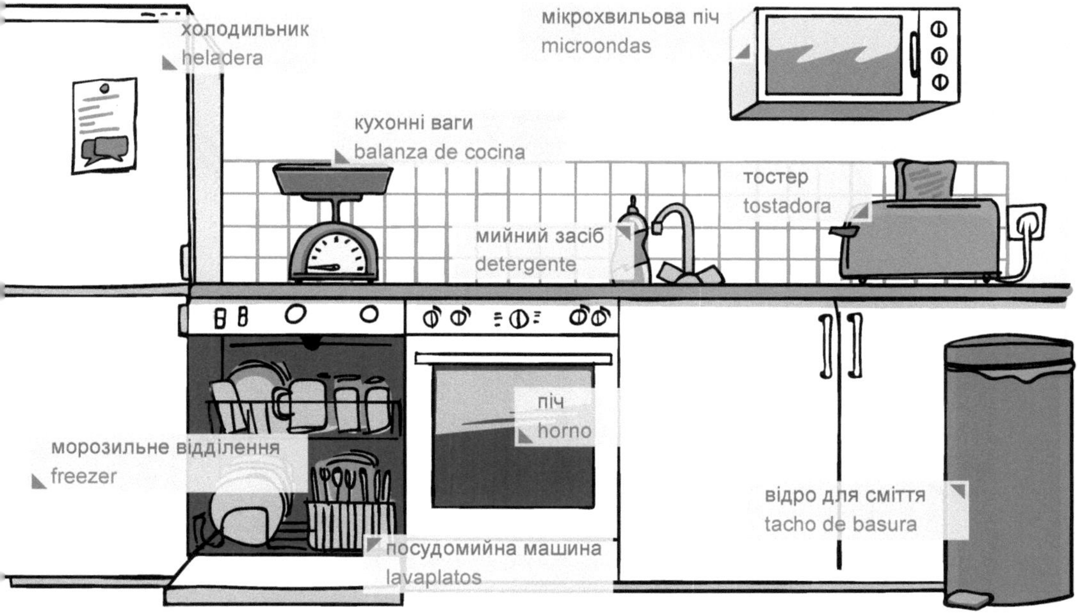
холодильник
heladera
мікрохвильова піч
microondas
кухонні ваги
balanza de cocina
тостер
tostadora
мийний засіб
detergente
піч
horno
морозильне відділення
freezer
відро для сміття
tacho de basura
посудомийна машина
lavaplatos

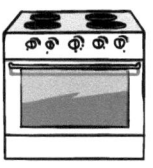

плита

cocina

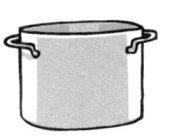

горщик

olla

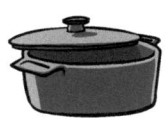

чавунний горщик

olla de hierro fundido

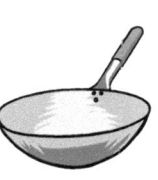

вок / кадай

wok

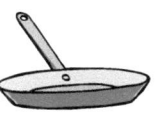

сковорода

sartén

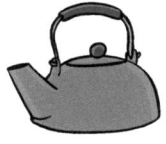

чайник

pava

пароварка

vaporera

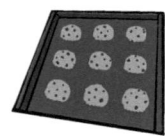

лист

bandeja de horno

посуд

vajilla

кухоль

taza

чаша

bol

палички для їжі

palitos

черпак

cucharón

лопатка

estpátula

вінчик для збивання

batidora

сито

colador

сито

colador

терка

rallador

ступка

mortero

барбекю

parrilla

багаття

fogata

дошка

tabla de picar

качалка

palo de amasar

штопор

sacacorchos

конзерва

lata

відкривачка

abrelatas

прихватки

manopla

раковина

pileta

щітка

cepillo

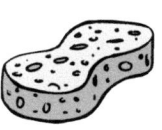

губка

esponja

міксер

batidora

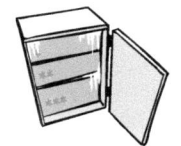

морозильна камера

congelador

дитяча пляшка

mamadera

кран

canilla

ванна кімната

baño

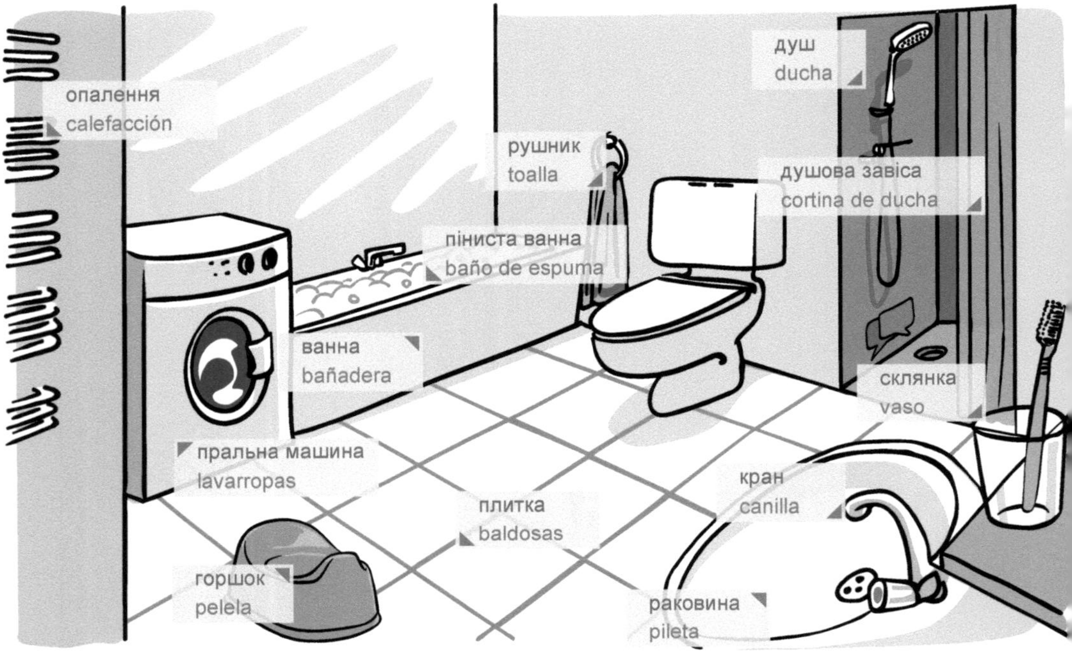
душ
ducha
опалення
calefacción
рушник
toalla
душова завіса
cortina de ducha
піниста ванна
baño de espuma
ванна
bañadera
склянка
vaso
пральна машина
lavarropas
кран
canilla
плитка
baldosas
горшок
pelela
раковина
pileta

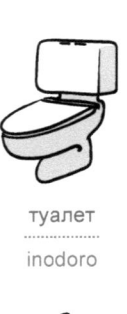

туалет

inodoro

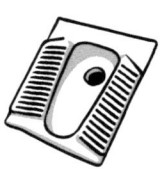

підлоговий туалет

letrina

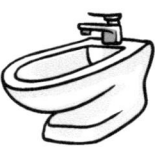

біде

bidé

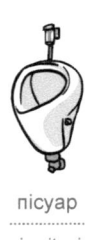

пісуар

mingitorio

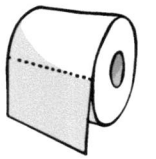

туалетний папір

papel higiénico

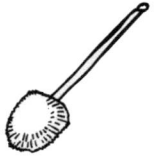

щітка для туалету

cepillo para el inodoro

зубна щітка

cepillo de dientes

зубна паста

dentífrico

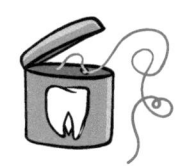

нитка для чищення зубів

hilo dental

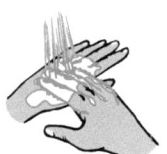

мити

lavar

ручний душ

ducha de mano

інтимний душ

ducha higiénica

таз

palangana

щітка для спини

cepillo para espalda

мило

jabón

гель для душу

gel de ducha

шампунь

shampoo

мочалка

toallita

водостік

desagüe

крем

crema

дезодорант

desodorante

дзеркало

espejo

косметичне дзеркало

espejito

бритва

maquinita de afeitar

піна для гоління

espuma de afeitar

лосьйон після гоління

aftershave

гребінь

peine

щітка

cepillo

фен

secador de pelo

лак для волосся

spray

косметика

maquillaje

губна помада

lápiz de labios

лак для нігтів

esmalte para uñas

вата

algodón

ножиці для нігтів

tijera para uñas

парфум

perfume

ванна кімната - baño

косметичка

portacosméticos

табурет

banqueta

ваги

balanza

халат

bata

гумові рукавички

guantes de goma

тампон

tampón

гігієнічні прокладки

toallita femenina

біотуалет

baño químico

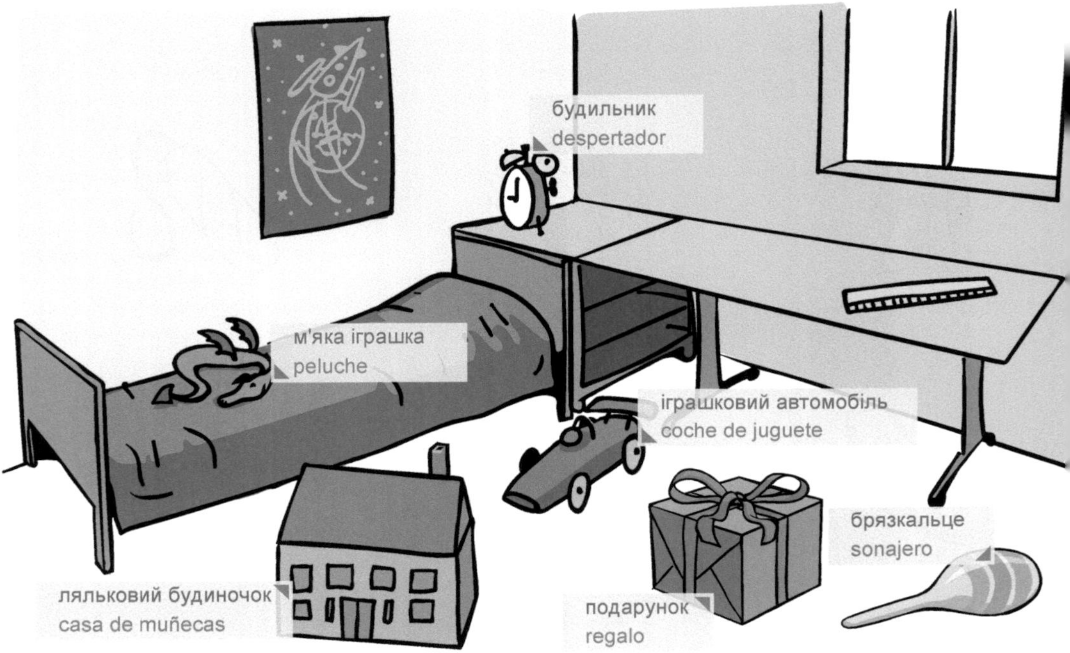

будильник
despertador
м'яка іграшка
peluche
іграшковий автомобіль
coche de juguete
брязкальце
sonajero
ляльковий будиночок
casa de muñecas
подарунок
regalo

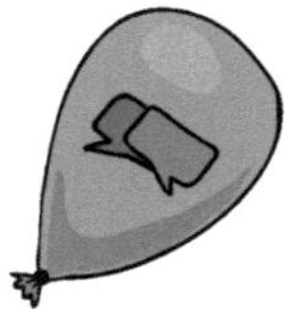

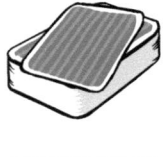

повітряна кулька

globo

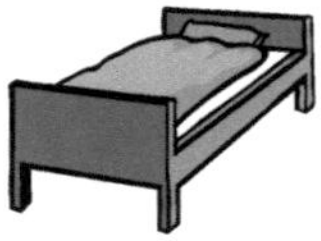

ліжко

cama

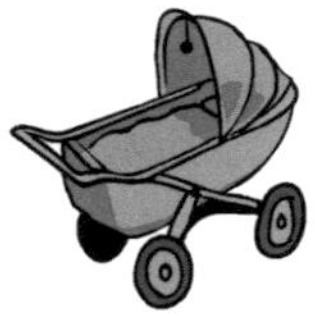

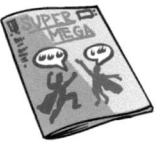

дитячий візок

cochecito

картярська гра

cartas

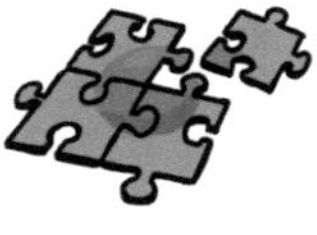

пазл

rompecabezas

SUPER
MEGA

комікс

historieta

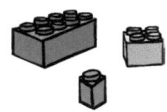

лего цеглинки

piezas de lego

блоки

ladrillos de juguete

іграшкова фігурка

figura de acción

повзунки

enterito (de bebé)

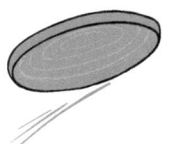

фризбі

frisbee

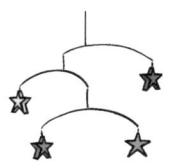

мобіле

móvil para bebés

настільна гра

juego de mesa

кубик

dados

модель залізнична станція

tren eléctrico

соска

chupete

вечірка

fiesta

книжка з картинками

libro de cuentos ilustrado

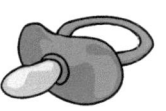

м'яч

pelota

лялька

muñeca

грати

jugar

пісочниця
....
arenero

гойдалка
....
hamaca

іграшка
....
juguetes

гральна консоль
....
consola de videojuegos

триколісний велосипед
....
triciclo

плюшевий мішка
....
osito de peluche

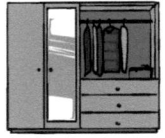

шафа
....
armario

одяг

ropa

шкарпетки
....
medias

панчохи
....
medias panty

колготки
....
calzas

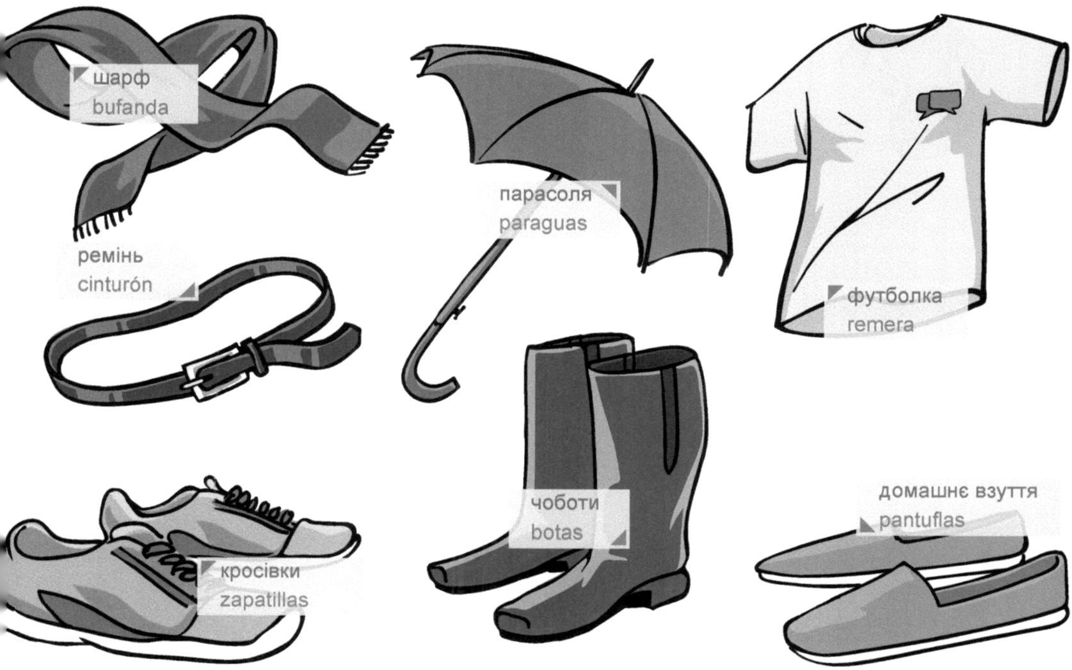

шарф
bufanda

парасоля
paraguas

ремінь
cinturón

футболка
remera

чоботи
botas

домашнє взуття
pantuflas

кросівки
zapatillas

сандалі
....
sandalias

взуття
....
zapatos

гумові чоботи
....
botas de goma

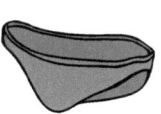

труси
....
ropa interior

бюстгальтер
....
corpiño

нижня сорочка
....
chaleco

боді

body

штани

pantalones

джинси

jeans

спідниця

pollera

блузка

blusa

сорочка

camisa

пуловер

pulóver

светр

buzo

піджак

blazer

куртка

campera

пальто

tapado

дощовик

piloto

костюм

traje

сукня

vestido

весільна сукня

vestido de novia

костюм

traje

нічна сорочка

camisón

піжама

pijama

сарі

sari

головна хустка

pañuelo para cabeza

чалма

turbante

бурка

burka

кафтан

caftán

абая

abaya

купальник

traje de baño

плавки

short de baño

шорти

shorts

тренувальний костюм

jogging

фартух

delantal

рукавички

guantes

гудзик

botón

окуляри

anteojos

браслет

pulsera

ланцюг

collar

кільце

anillo

сережка

aro

шапка

gorra

плічка

percha

капелюх

sombrero

краватка

corbata

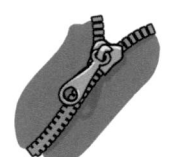

застібка-блискавка

cierre

шолом

casco

підтяжки

tiradores

шкільна форма

uniforme escolar

уніформа

uniforme

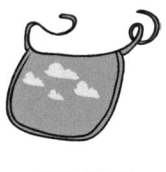

нагрудник

babero

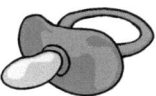

соска

chupete

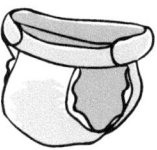

підгузок

pañal

офіс
oficina

сервер
servidor
шаф для документів
archivero
принтер
impresora
папір
papel
монітор
monitor
письмовий стіл
escritorio
миша
mouse
папка
carpeta
синтезатор
teclado
кошик для паперу
tacho (de basura)
стілець
silla
комп'ютер
computadora

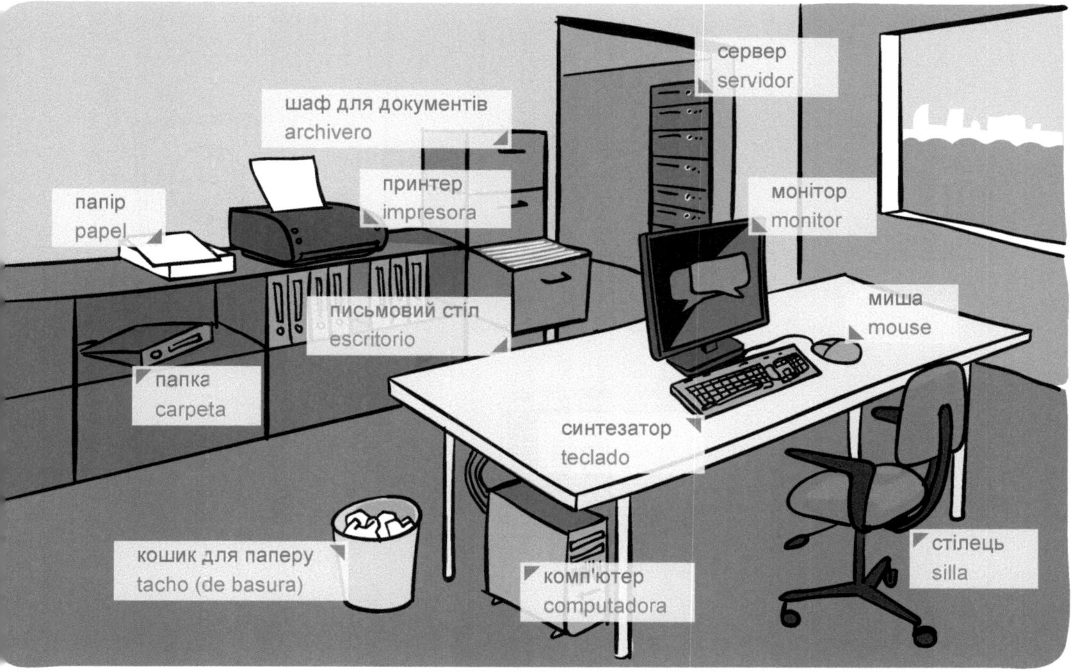

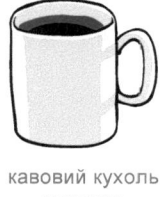

кавовий кухоль

taza de café

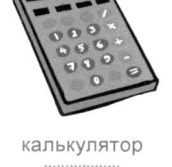

калькулятор

calculadora

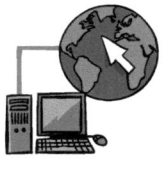

інтернет

internet

ноутбук

laptop

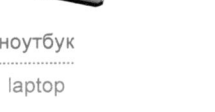

лист

carta

повідомлення

mensaje

мобільний телефон

celular

мережа

red

копіювальний пристрій

fotocopiadora

програмне забезпечення

software

телефон

teléfono

розетка

tomacorriente

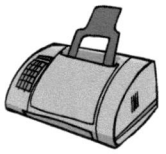

факс

fax

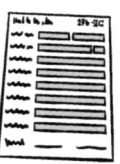

бланк

formulario

документ

documento

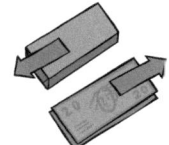

купувати

comprar

платити

pagar

торгувати

hacer negocios

гроші

dinero

 **USD**

долар

dólar

 **EUR**

євро

euro

JPY

ієна

yen

RUB

рубль

rublo

CHF

франк

franco suizo

CNY

юанів женьміньбі

yuan

INR

рупія

rupia

банкомат

cajero automático

обмінний пункт

casa de cambio

золото

oro

срібло

plata

нафта

petróleo

енергія

energía

ціна

precio

контракт

contrato

податок

impuesto

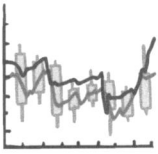

акція

acción

працювати

trabajar

працівник

empleado

роботодавець

empleador

фабрика

fábrica

магазин

negocio

поліцейський
policía

пожежник
bombero

повар
cocinero

лікар
médico

пілот
piloto

садівник
jardinero

столяр
carpintero

швачка
modista

суддя
juez

хімік
farmacéutico

актор
actor

водій автобуса

colectivero

таксист

taxista

рибалка

pescador

прибиральниця

mucama

покрівельник

techista

офіціант

mozo

мисливець

cazador

художник

pintor

пекар

panadero

електрик

electricista

будівельник

albañil

інженер

ingeniero

забійник

carnicero

бляхар

plomero

листоноша

cartero

солдат

soldado

архітектор

arquitecto

касир

cajero

флорист

florista

перукар

peluquero

кондуктор

cobrador

механік

mecánico

капітан

capitán

дантист

dentista

вчений

científico

рабин

rabino

імам

imán

монах

monje

пастор

sacerdote

інструменти
herramientas

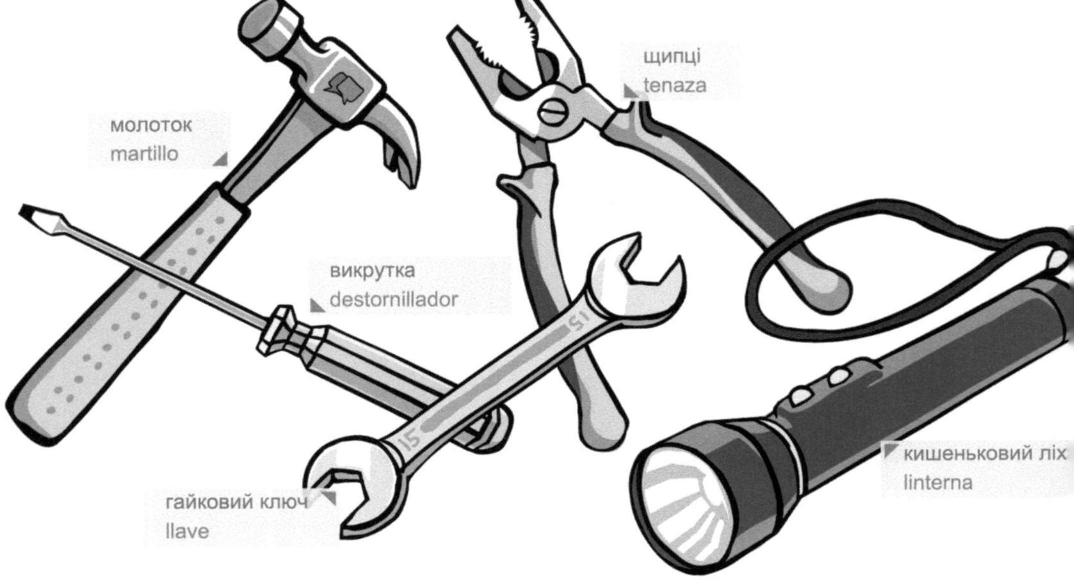
молоток
martillo
щипці
tenaza
викрутка
destornillador
гайковий ключ
llave
кишеньковий ліх
linterna

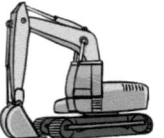

екскаватор

excavadora

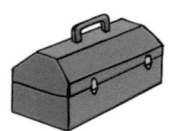

ящик для інструментів

caja de herramientas

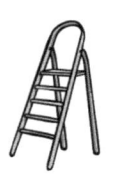

драбина

escalera portátil

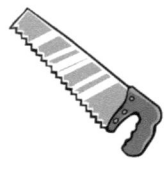

пилка

sierra

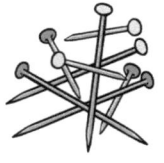

цвяхи

clavos

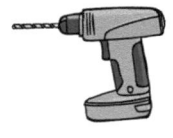

свердло

taladro

ремонтувати

arreglar

лопата

pala de jardín

лайно!

¡Qué bronca!

совок

pala de plástico

відро з фарбою

tacho de pintura

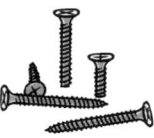

гвинти

tornillos

музичні інструменти
instrumentos musicales

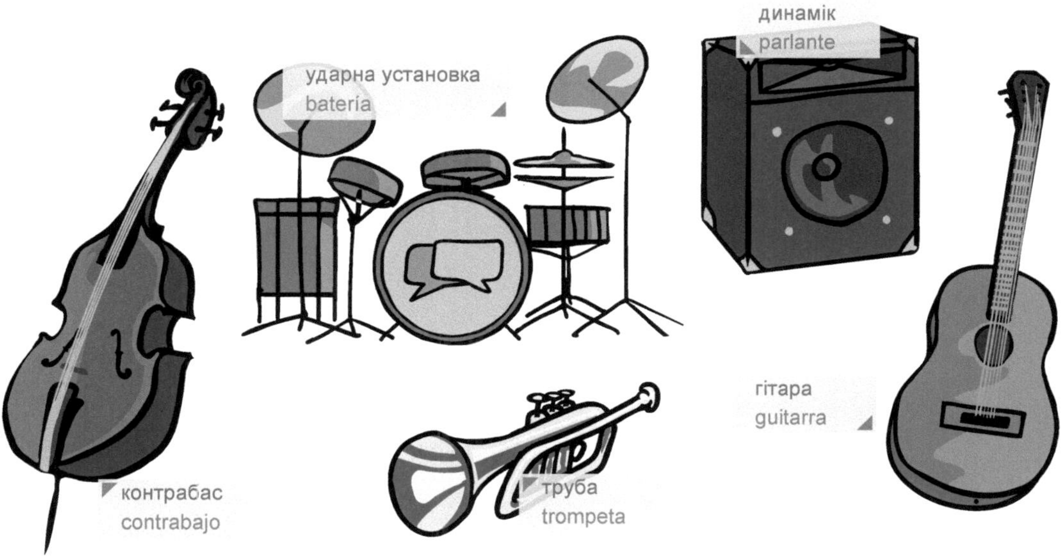

ударна установка
batería

динамік
parlante

гітара
guitarra

контрабас
contrabajo

труба
trompeta

фортепіано

piano

скрипка

violín

бас

bajo

литаври

timbales

барабан

tambor

клавіатура

teclado

саксофон

saxofón

флейта

flauta

мікрофон

micrófono

зоопарк
zoológico

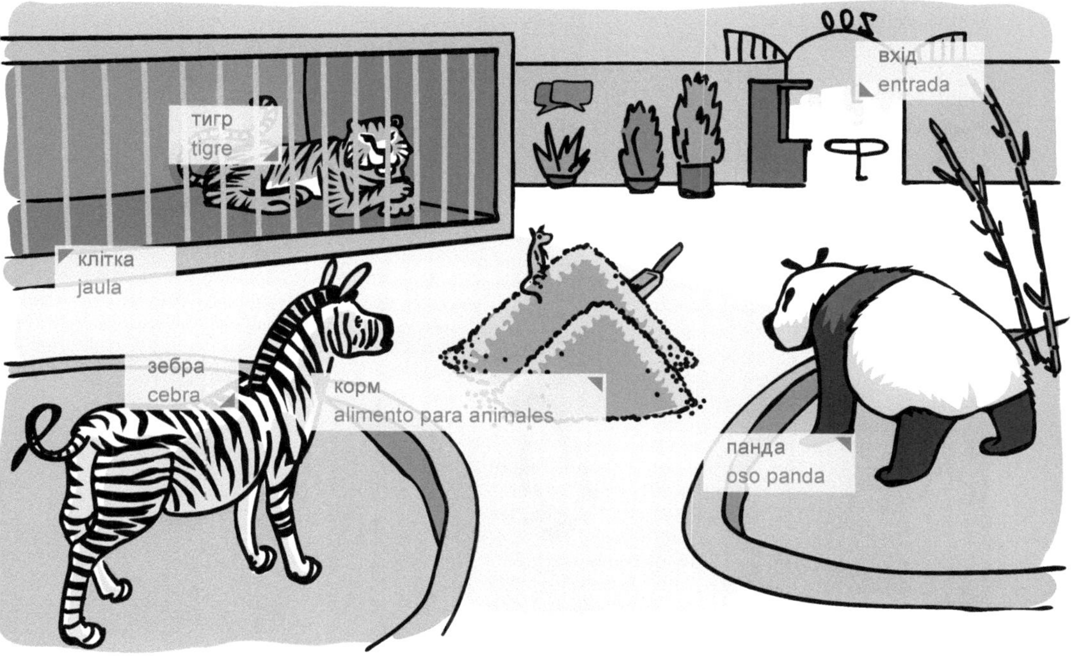

тигр
tigre
клітка
jaula
зебра
cebra
корм
alimento para animales
вхід
entrada
панда
oso panda

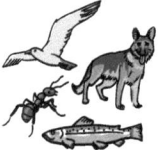

тварини

animales

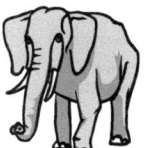

слон

elefante

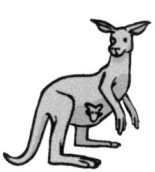

кенгуру

canguro

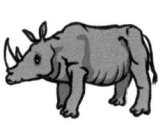

носоріг

rinoceronte

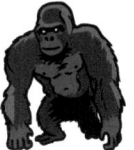

горила

gorila

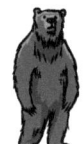

ведмідь

oso

верблюд

camello

страус

avestruz

лев

león

мавпа

mono

фламінго

flamenco

папуга

loro

білий ведмідь

oso polar

пінгвін

pingüino

акула

tiburón

павич

pavo real

змія

serpiente

крокодил

cocodrilo

працівник зоопарку

cuidador del zoológico

тюлень

foca

ягуар

jaguar

поні

poni

леопард

leopardo

гіпопотам

hipopótamo

жираф

jirafa

орел

águila

кабан

jabalí

риба

pescado

черепаха

tortuga

морж

morsa

лисиця

zorro

газель

gacela

спорт
deportes

американський футбол
fútbol americano

їзда на велосипеді
ciclismo

теніс
tenis

баскетбол
básquet

плавання
natación

бокс
boxeo

хокей
hockey sobre hielo

футбол
fútbol

бадмінтон
bádminton

легка атлетика
atletismo

гандбол
handball

лижні перегони
esquí

поло
polo

дії
actividades

стрибати
saltar
співати
cantar
обіймати
abrazar
сміятися
reír
йти
caminar
молитися
rezar
цілувати
besar
мріяти
soñar

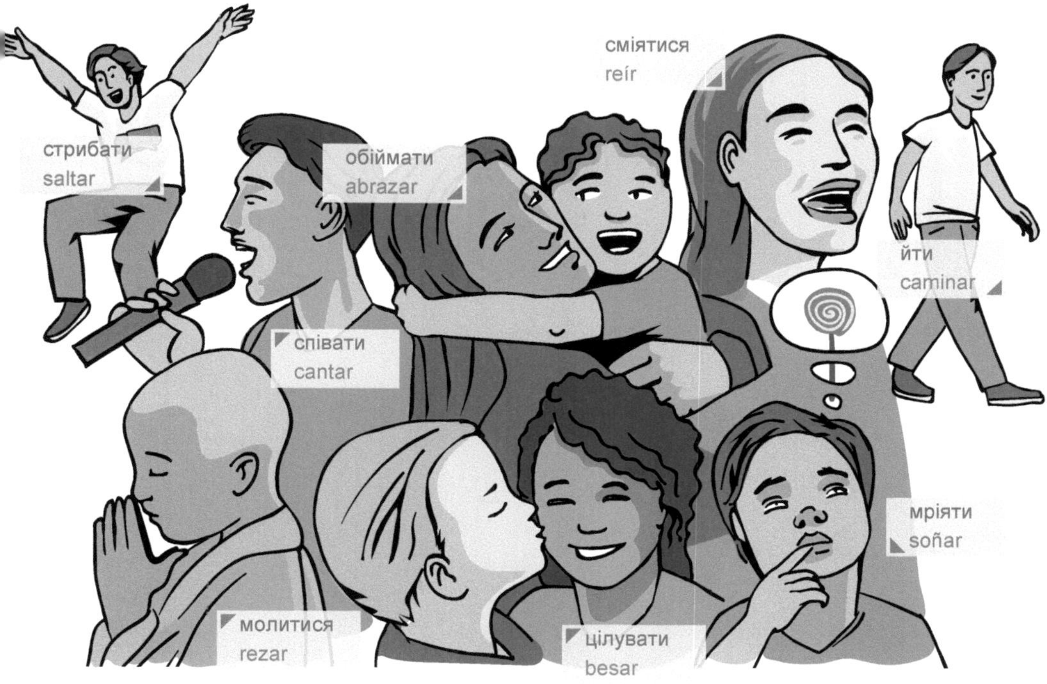

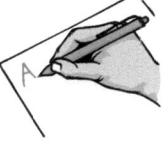

писати
escribir

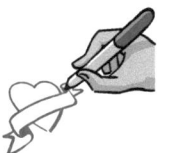

малювати
dibujar

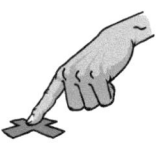

показувати
mostrar

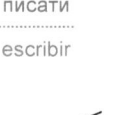

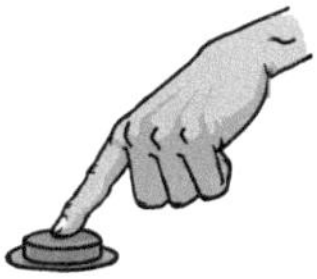

тиснути
presionar

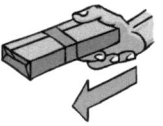

давати
dar

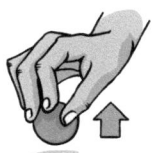

брати
tomar

мати

tener

робити

hacer

бути

ser

стояти

estar parado

бігати

correr

тягнути

tirar

кидати

tirar

падати

caer

лежати

estar acostado

очікувати

esperar

носити

llevar

сидіти

estar sentado

одягати

vestirse

спати

dormir

просипатися

despertar

дивитися

mirar

плакати

llorar

гладити

acariciar

розчісувати

peinar

розмовляти

hablar

розуміти

entender

питати

preguntar

слухати

escuchar

пити

beber

їсти

comer

прибирати

ordenar

любити

amar

варити

cocinar

їхати

manejar

літати

volar

дії - actividades

йти під вітрилом

navegar

рахувати

calcular

читати

leer

вчитися

aprender

працювати

trabajar

одружуватися

casarse

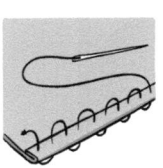

шити

coser

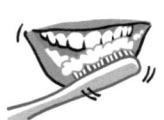

чистити зуби

cepillarse los dientes

убивати

matar

курити

fumar

посилати

enviar

бабуся
abuela

дідуся
abuelo

батько
padre

мати
madre

немовля
bebé

донька
hija

син
hijo

гість

invitado

тітка

tía

дядько

tío

брат

hermano

сестра

hermana

тіло

cuerpo

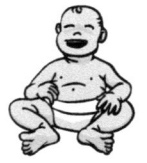

чоло
frente
око
ojo
плече
hombro
палець
dedo
обличчя
cara
підборіддя
pera
кисть
mano
груди
pecho
нога
pierna
рука
brazo

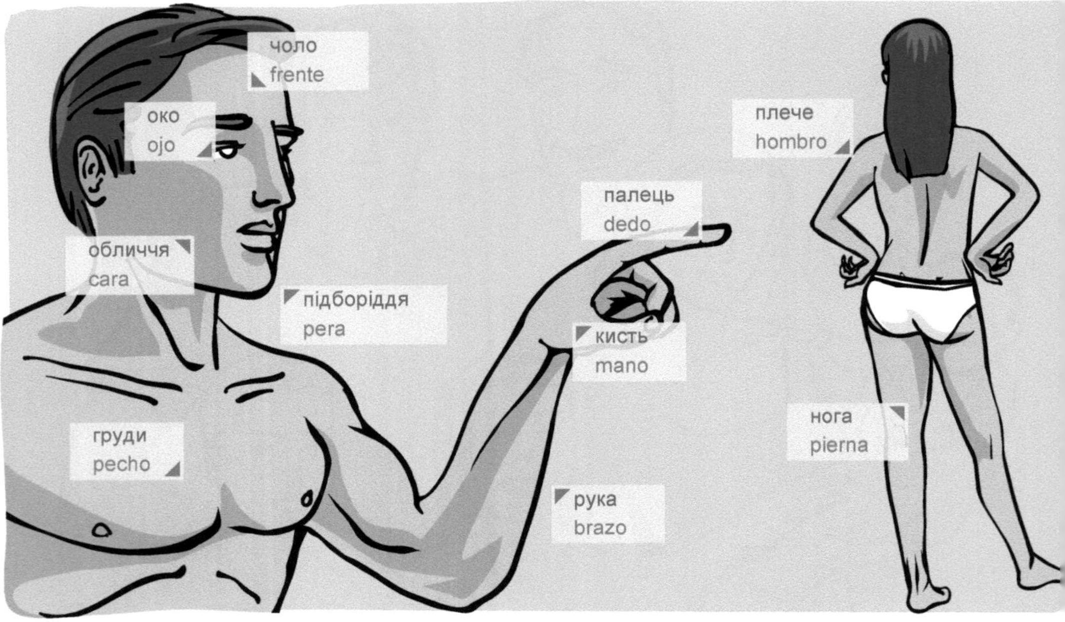

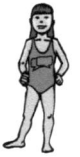

немовля

bebé

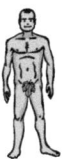

чоловік

hombre

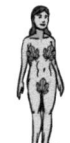

жінка

mujer

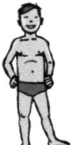

дівчина

nena

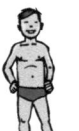

хлопчик

nene

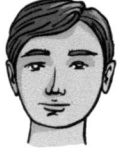

голова

cabeza

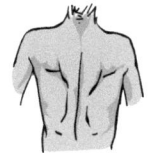

спина

espalda

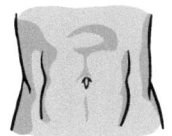

живіт

panza

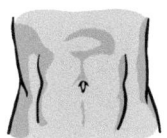

пуп

ombligo

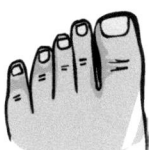

палець ноги

dedo del pie

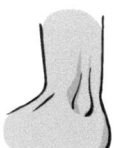

п'ята

talón

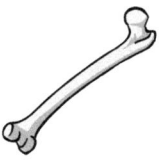

кістка

hueso

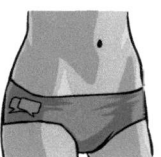

стегно

cadera

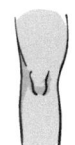

коліно

rodilla

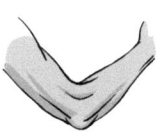

лікоть

codo

ніс

nariz

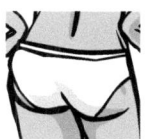

сідниці

cola

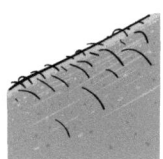

шкіра

piel

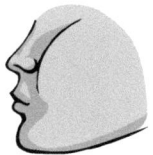

щока

cachete

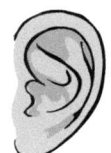

вухо

oreja

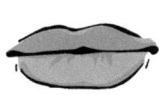

губа

labio

тіло - cuerpo

рот

boca

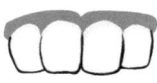

зуб

diente

язик

lengua

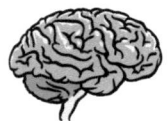

мозок

cerebro

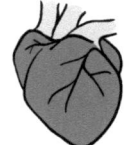

серце

corazón

м'яз

músculo

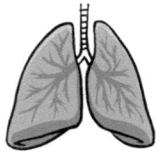

легені

pulmón

печінка

hígado

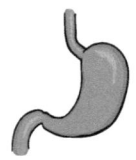

шлунок

estómago

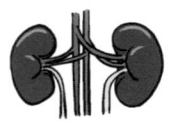

нирки

riñones

статевий акт

sexo

презерватив

preservativo

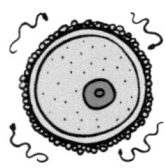

яйцеклітина

óvulo

сперма

semen

вагітність

embarazo

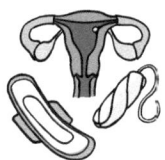

менструація

menstruación

вагіна

vagina

пеніс

pene

брова

ceja

волосся

pelo

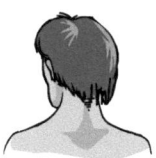

шия

cuello

лікарня

hospital

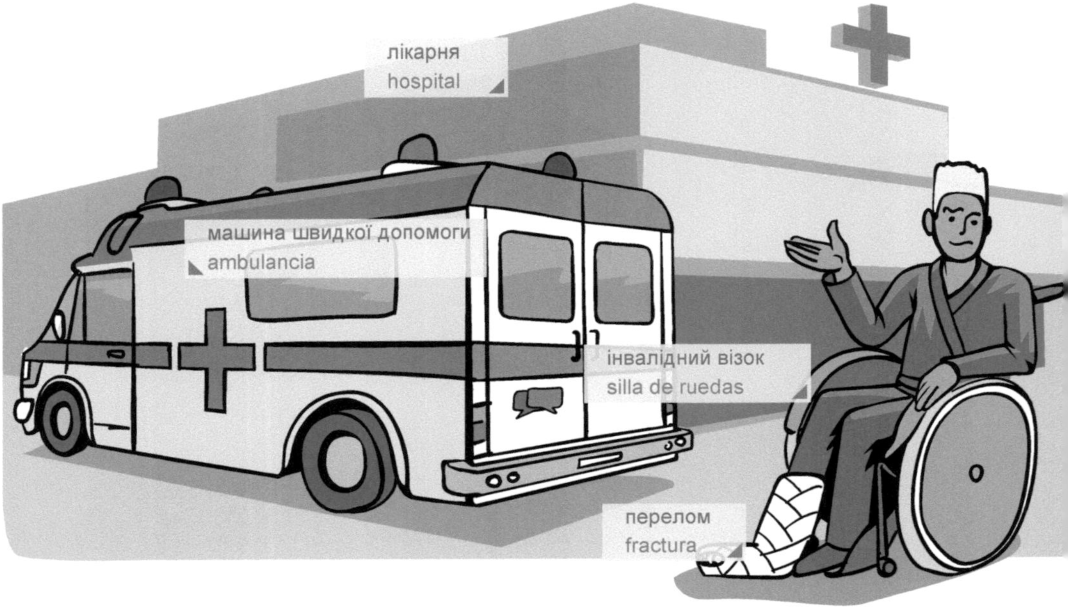

лікарня
hospital
машина швидкої допомоги
ambulancia
інвалідний візок
silla de ruedas
перелом
fractura

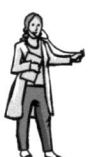

лікар

médico

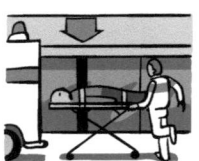

відділення швидкої медичної допомоги

sala de guardia

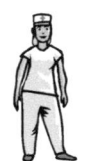

медсестра

enfermera

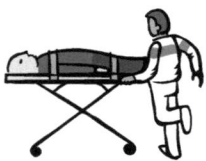

аварійний випадок

emergencia

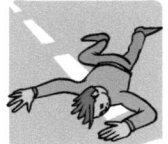

непритомний

inconsciente

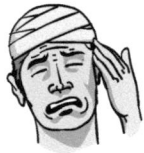

біль

dolor

травма

lesión

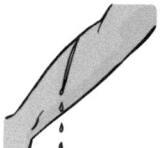

кровотеча

hemorragia

інфаркт

infarto

інсульт

ACV

алергія

alergia

кашель

tos

лихоманка

fiebre

грип

gripe

пронос

diarrea

головна біль

dolor de cabeza

рак

cáncer

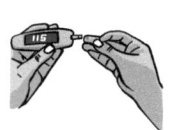

діабет

diabetes

хірург

cirujano

скальпель

bisturí

операція

operación

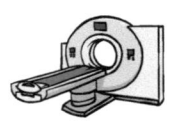

КТ

TC

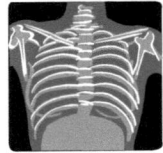

рентген

rayos x

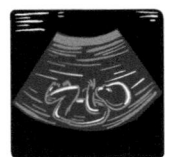

ультразвук

ecografía

маска

barbijo

хвороба

enfermedad

зал очікування

sala de espera

милиця

muleta

пластир

curita

пов'язка

venda

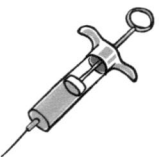

ін'єкція

inyección

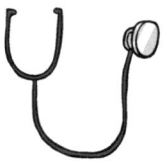

стетоскоп

estetoscopio

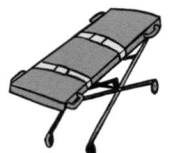

ноші

camilla

термометр

termómetro

народження

nacimiento

надмірна вага

sobrepeso

слуховий апарат

audífono

дезінфікуючий засіб

desinfectante

інфекція

infección

вірус

virus

ВІЛ / СНІД

VIH / SIDA

медицина

remedio

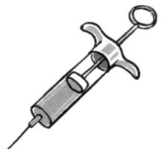

вакцинація

vacunación

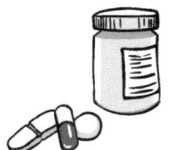

таблетки

comprimidos

протизаплідна пігулка

pastilla anticonceptiva

екстрений виклик

llamada de emergencia

тонометр

tensiómetro

хворий / здоровий

enfermo / sano

Допоможіть!

¡Ayuda!

сигнал тривоги

alarma

напад

agresión

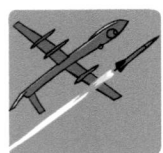

атака

ataque

небезпека

peligro

аварійний вихід

salida de emergencia

Вогонь!

¡Fuego!

вогнегасник

matafuego

аварія

accidente

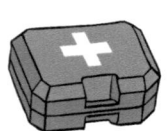

аптечка

botiquín de primeros auxilios

СОС

SOS

поліція

policía

Європа

Europa

Північна Америка

América del Norte

Південна Америка

América del Sur

Африка

África

Азія

Asia

Австралія

Australia

Атлантика

Atlántico

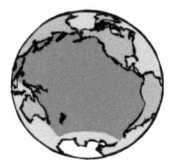

Тихий океан

Pacífico

Індійський океан

Océano Índico

Антарктичний океан

Océano Antártico

Північний Льодовитий
океан

Océano Ártico

Північний полюс

polo norte

Південний полюс

polo sur

Антарктика

Antártida

Земля

Tierra

суша

tierra

море

mar

острів

isla

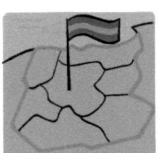

нація

nación

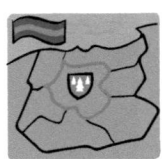

держава

estado

циферблат

esfera

годинникова стрілка

manecilla de las horas

хвилинна стрілка

minutero

секундна стрілка

segundero

Котра година?

¿Qué hora es?

день

día

час

hora

зараз

ahora

цифровий годинник

reloj digital

хвилина

minuto

година

hora

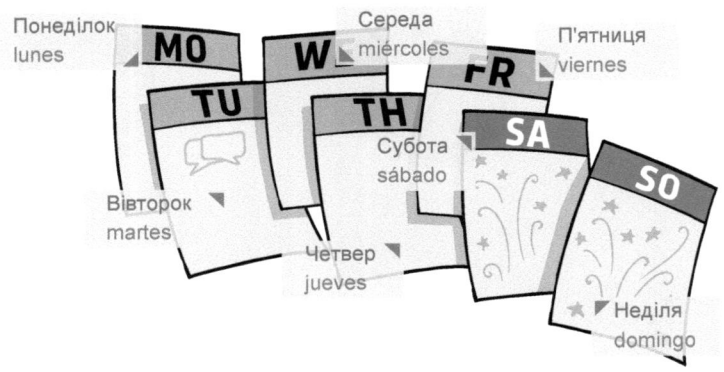

Понеділок / lunes
Середа / miércoles
П'ятниця / viernes
Вівторок / martes
Субота / sábado
Четвер / jueves
Неділя / domingo

вчора
ayer

сьогодні
hoy

завтра
mañana

ранок
mañana

опівдні
mediodía

вечір
tarde

робочі дні
días hábiles

кінець робочого тижня
fin de semana

дощ
lluvia

веселка
arco iris

сніг
nieve

вітер
viento

весна
primavera

осінь
otoño

літо
verano

зима
invierno

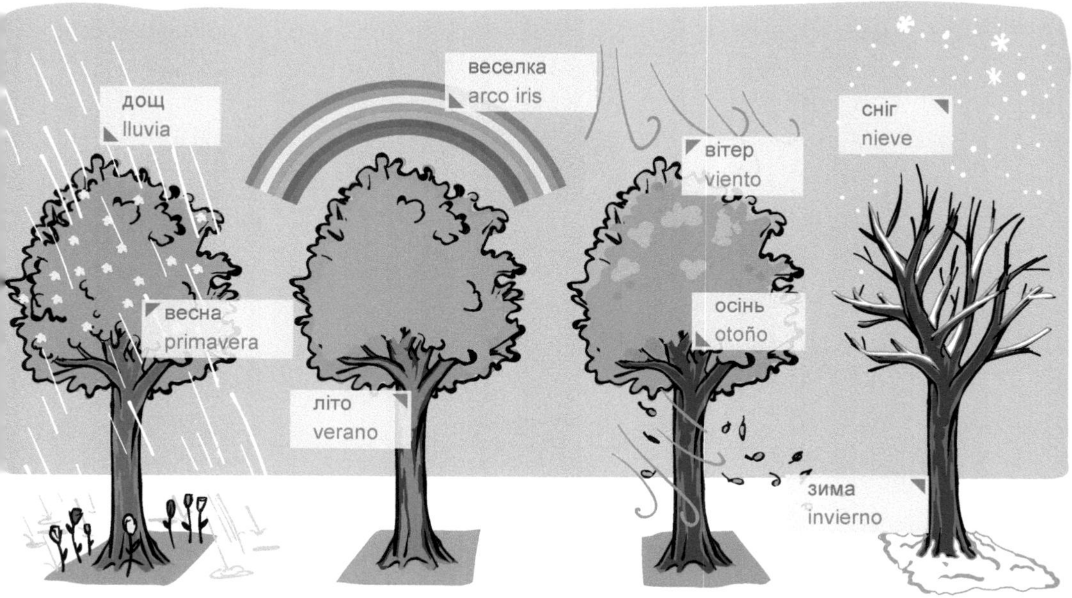

прогноз погоди

pronóstico meteorológico

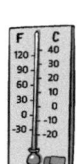

термометр

termómetro

сонячне світло

luz del sol

хмара

nube

туман

niebla

вологість повітря

humedad

блискавка

rayo

грім

trueno

шторм

tormenta

град

granizo

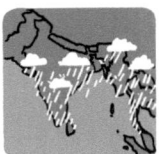

мусон

monzón

повінь

inundación

лід

hielo

Січень

enero

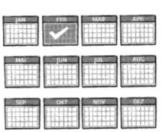

Лютий

febrero

Березень

marzo

Квітень

abril

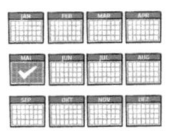

Травень

mayo

Червень

junio

Липень

julio

Серпень

agosto

Вересень
....
septiembre

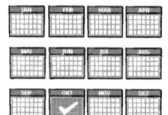

Жовтень
....
octubre

Листопад
....
noviembre

Грудень
....
diciembre

форми
formas

круг
....
círculo

квадрат
....
cuadrado

прямокутник
....
rectángulo

трикутник
....
triángulo

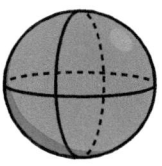

куля
....
esfera

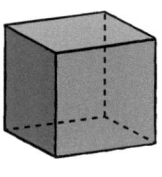

куб
....
cubo

фарби
colores

білий

blanco

жовтий

amarillo

помаранчевий

naranja

рожевий

rosa

червоний

rojo

фіолетовий

violeta

синій

azul

зелений

verde

коричневий

marrón

сірий

gris

чорний

negro

фарби - colores

багато / мало

mucho / poco

лютий / мирний

enojado / tranquilo

гарний / бридкий

lindo / feo

початок / кінець

principio / fin

великий / малий

grande / chico

світлий / темний

claro / oscuro

брат / сестра

hermano / hermana

чистий / брудний

limpio / sucio

завершений / незавершений

completo / incompleto

день / ніч

día / noche

мертвий / живий

muerto / vivo

широкий / вузький

ancho / angosto

їстівний / неїстівний

comestible / no comestible

злий / дружній

malo / amable

збуджений / нудьгуючий

entusiasmado / aburrido

товстий / тонкий

gordo / flaco

спочатку / востаннє

primero / último

друг / ворог

amigo / enemigo

повний / порожній

lleno / vacío

жорсткий / м'який

duro / blando

важкий / легкий

pesado / liviano

голод / спрага

hambre / sed

хворий / здоровий

enfermo / sano

незаконний / законний

ilegal / legal

розумний / дурний

inteligente / estúpido

вліво / вправо

izquierda / derecha

поруч / далеко

cerca / lejos

новий / використаний

nuevo / usado

нічого / щось

nada / algo

старий / молодий

viejo / joven

вкл / викл

encendido / apagado

відкрито / закрито

abierto / cerrado

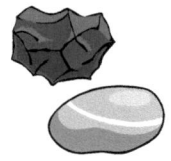

тихо / гучно

silencioso / ruidoso

багатий / бідний

rico / pobre

правильно / неправильно

correcto / incorrecto

шорсткий / гладкий

áspero / suave

сумний / щасливий

triste / contento

короткий / довгий

corto / largo

повільно / швидко

lento / rápido

вологий / сухий

mojado / seco

гарячий / холодний

caliente / frío

війна / мир

guerra / paz

числа
números

0

нуль

cero

1

один

uno

2

два

dos

3

три

tres

4

чотири

cuatro

5

п'ять

cinco

6

шість

seis

7

сім

siete

8

вісім

ocho

9

дев'ять

nueve

10

десять

diez

11

одинадцять

once

12

дванадцять

doce

13

тринадцять

trece

14

чотирнадцять

catorce

15

п'ятнадцять

quince

16

шістнадцять

dieciséis

17

сімнадцять

diecisiete

18

вісімнадцять

dieciocho

19

дев'ятнадцять

diecinueve

20

двадцять

veinte

100

сто

cien

1.000

тисяча

mil

1.000.000

мільйон

millón

англійська

inglés

американська англійська

inglés americano

китайська
високочиновницька

chino mandarín

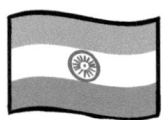

хінді

hindi

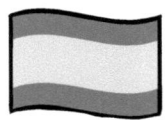

іспанська

español

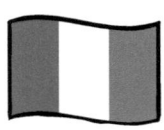

французька

francés

арабська

árabe

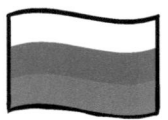

російська

ruso

португальська

portugués

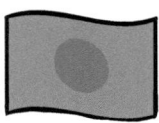

бенгальська

bengalí

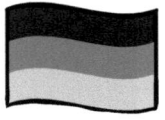

німецька

alemán

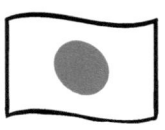

японська

japonés

я
....
yo

ти
....
vos

він / вона / воно
....
él / ella

ми
....
nosotros

ви
....
ustedes

вони
....
ellos

хто?
....
¿quién?

що?
....
¿qué?

як?
....
¿cómo?

де?
....
¿dónde?

коли?
....
¿cuándo?

ім'я
....
nombre

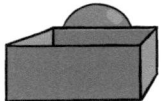

ззаду

detrás

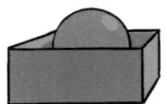

в

en

перед

adelante de

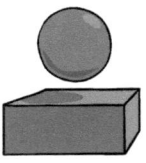

над

por encima de

на

sobre

під

debajo de

біля

al lado de

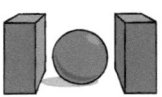

між

entre

місце

lugar